Pink Floyd
Anthology

Carisch

Grafica di copertina di **FABIO GALAVOTTI**

Si ringraziano tutti gli Editori coinvolti nel progetto

Questo album © 2000 by CARISCH s.r.l. - Milano
Tutti i diritti riservati. Ogni riproduzione e/o utilizzazione non autorizzata
verrà perseguita a norma delle leggi civili e penali vigenti.

MATILDA MOTHER

Testo e Musica di Syd Barrett

SCARECROW

Testo e Musica di Syd Barrett

Moderately fast

No chord

The

SEE EMILY PLAY

Testo e Musica di Syd Barrett

JUG BAND BLUES

Testo e Musica di Syd Barrett

THE GNOME

Testo e Musica di Syd Barrett

REMEMBER A DAY

Testo e Musica di Rick Wright

Re - mem-ber a day be-fore to-day, a day when you were
Sing _____ a _ song that can't be sung with-out the morn-ing's
Climb _____ your _ fa-v'rite ap-ple tree; try to catch the

young. ____
kiss. ____
sun. ____

Free _____ to _____ play a-long with time; eve-ning nev-er
Queen _____ you shall be _ if you wish. Look _ for your
Hide _____ from your lit-tle broth-er's gun. Dream your-self a-

IF

Testo e Musica di Roger Waters

SAN TROPEZ

Testo e Musica di Roger Waters

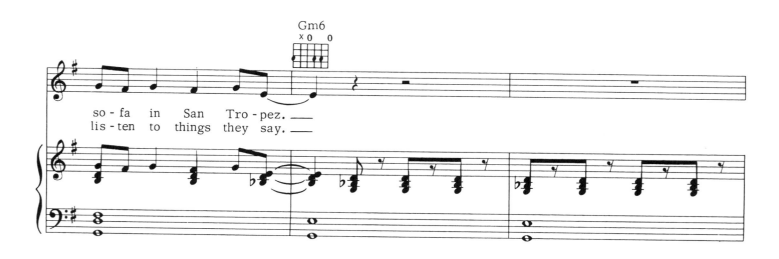

BIKE

Testo e Musica di Syd Barrett

Moderately

You're the kind of girl that fits __ in with my world. I'll give you an-y-thing, ev-'ry-thing if you want things.

I've got a cloak. It's a bit of a joke. __ There's a tear up the front. It's red and black. I've had it for months. __

If you think it could look good, then I guess it should.

FREE FOUR

Testo e Musica di Roger Waters

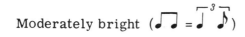

The mem-'ries of a man_ in his old __ age are the

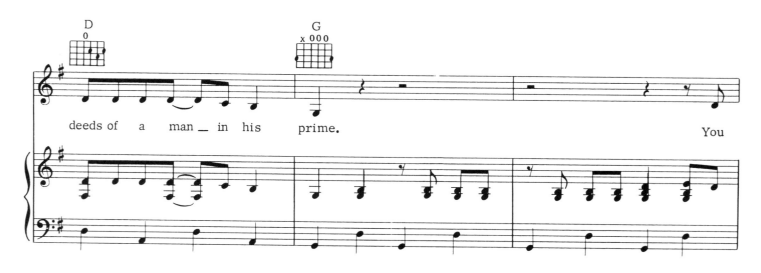

deeds of a man _ in his prime.

You

37

twin - kling of an eye: __ eight-y years, with luck, or e - ven less.

So all a - board __ for the A - mer - i - can __ tour, __ and may-be you'll make it to the top. ___ And

mind how you go. _ I can tell you, 'cause I know. _ You may find it hard to get off. _

BRAIN DAMAGE

Testo e Musica di Roger Waters

The lu - na - tic_____ is on the grass,_____

The lu - na - tic_____ is on the grass,_____

ECLIPSE

Testo e Musica di Roger Waters

BREATHE

Testo e Musica di Roger Waters, David Gilmour, Rick Wright

MONEY

Testo e Musica di Roger Waters

Mon - ey,____ Ya get a - way,____ ya

get a good job with more pay and you're O.____ K.

HAVE A CIGAR

Testo e Musica di Roger Waters

66

68

SHINE ON YOU CRAZY DIAMOND
(Part 5)

Testo e Musica di Roger Waters

WELCOME TO THE MACHINE

Testo e Musica di Roger Waters

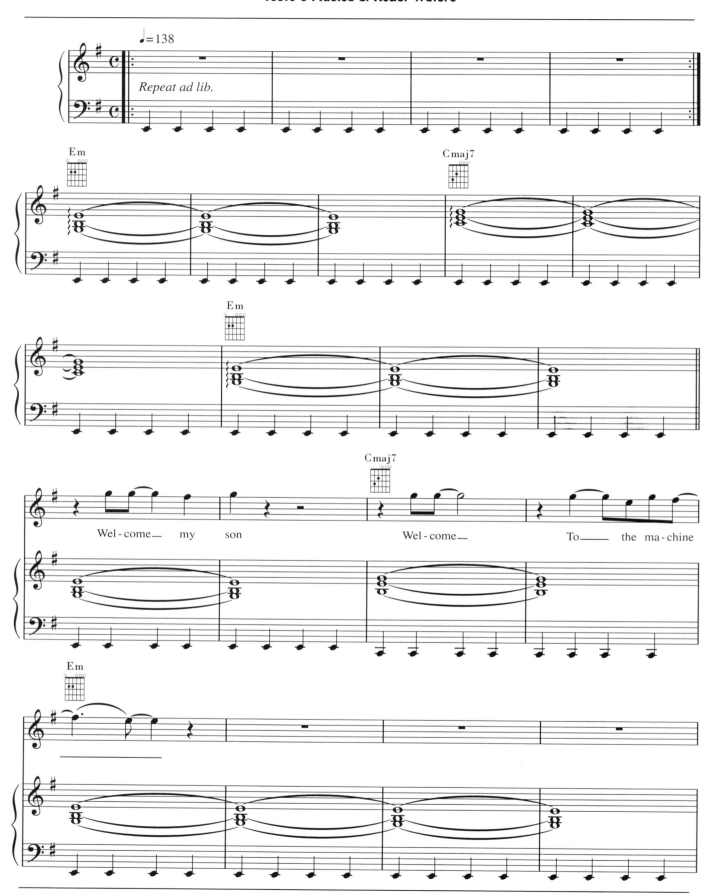

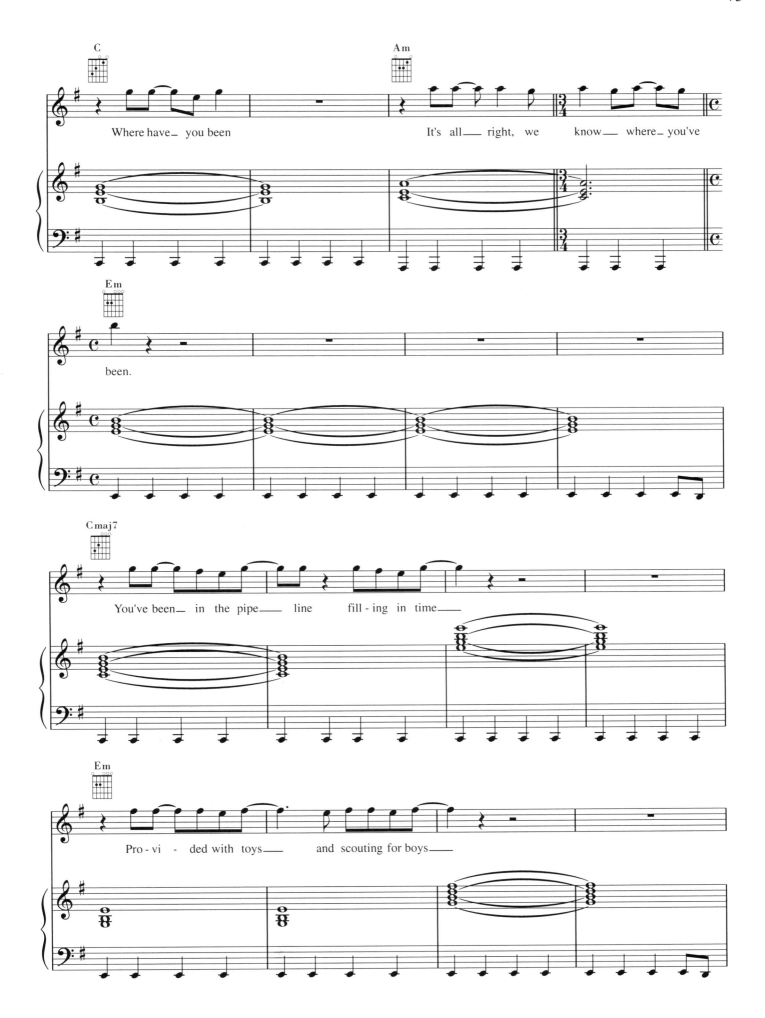

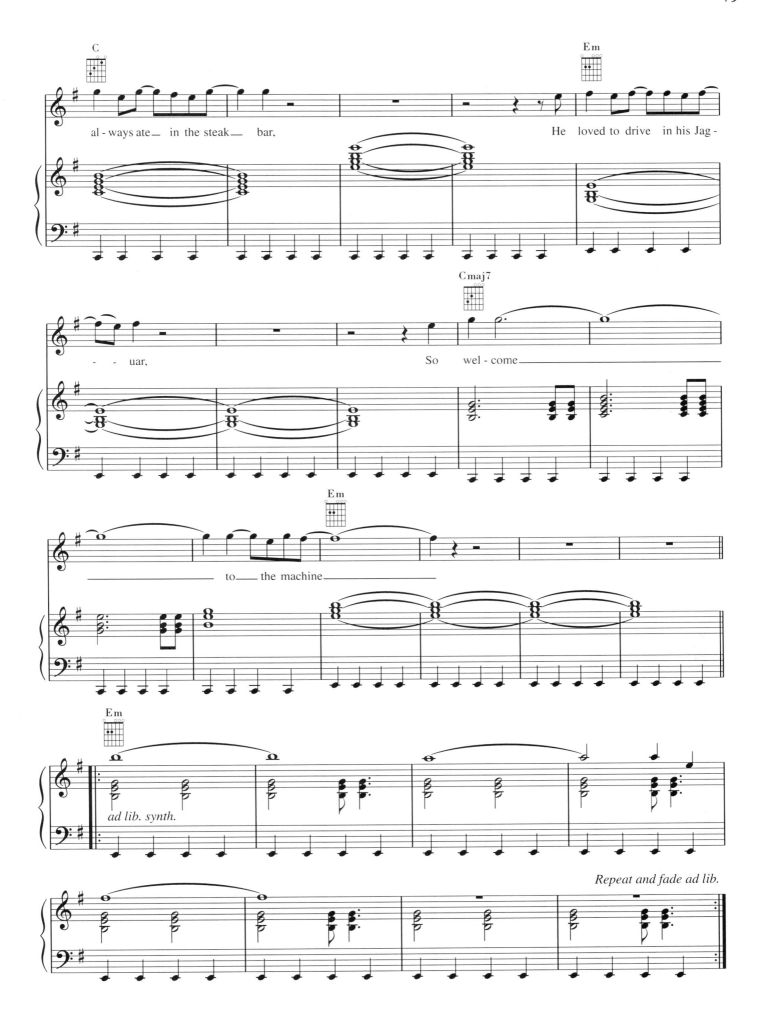

al - ways ate — in the steak — bar, He loved to drive in his Jag-

- uar, So wel - come _____

to — the machine _____

ad lib. synth.

Repeat and fade ad lib.

WISH YOU WERE HERE

Testo e Musica di Roger Waters, David Gilmour

breeze, ___ cold ___ com - fort for charge ___

And did you ___ ex - change ___ a walk on part ___ in the war ___

for a lead ___ role in a cage ___

Da da da da   da da da da da

GOODBYE CRUEL WORLD

Testo e Musica di Roger Waters

PIGS ON THE WING (ONE)

Testo e Musica di Roger Waters

PIGS ON THE WING (TWO)

Testo e Musica di Roger Waters

PIGS (THREE DIFFERENT ONES)

Testo e Musica di Roger Waters

you're nearly a laugh but you're real - ly a cry.

Hey— you, White house, ha ha——— charade— you are,———

SHEEP

Testo e Musica di Roger Waters

dim - ly a - ware of a cer - tain un - ease in the air,

What do you get for pre-ten-ding the dan-ger's not real.

108

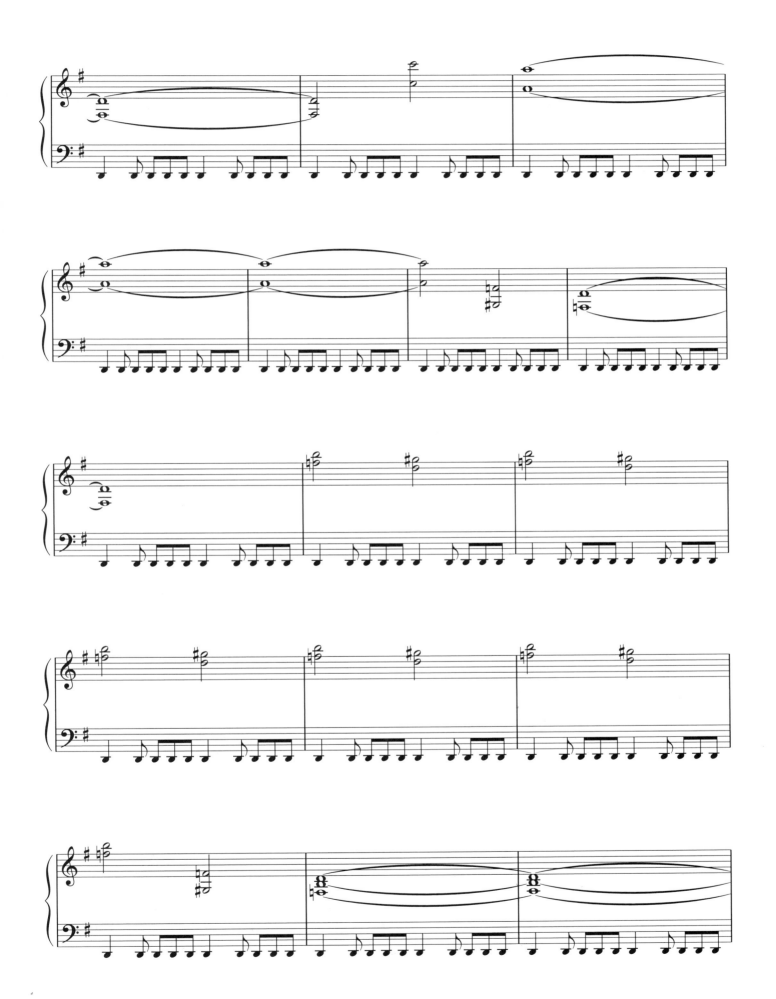

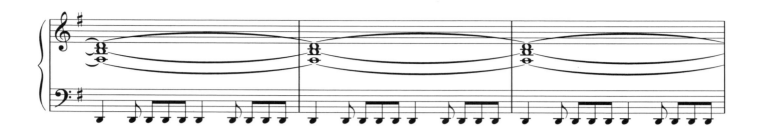

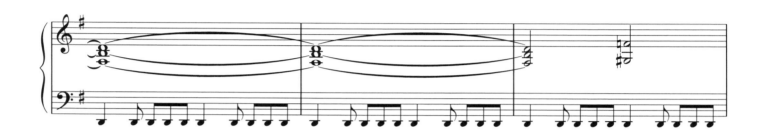

(Spoken:) The Lord is my shepherd   I shall not want   He makes me down to lie

Through pastures green   He leadeth me the   silent waters by

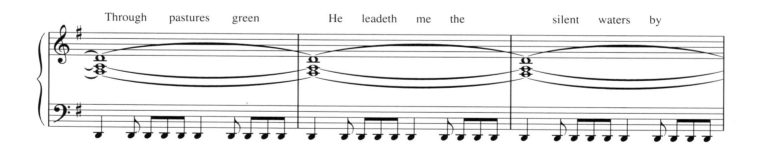

With bright knives   He releaseth   my soul

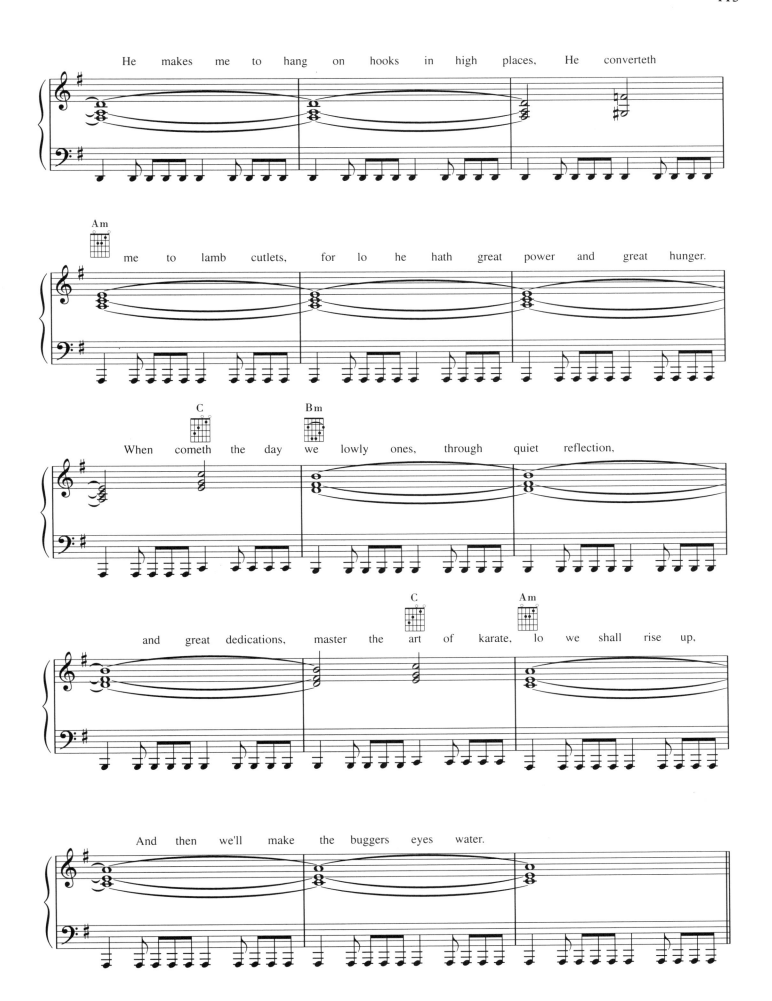

ANOTHER BRICK IN THE WALL
(Part 2)

Testo e Musica di Roger Waters

119

fade - silence

GOODBYE BLUE SKY

Testo e Musica di Roger Waters

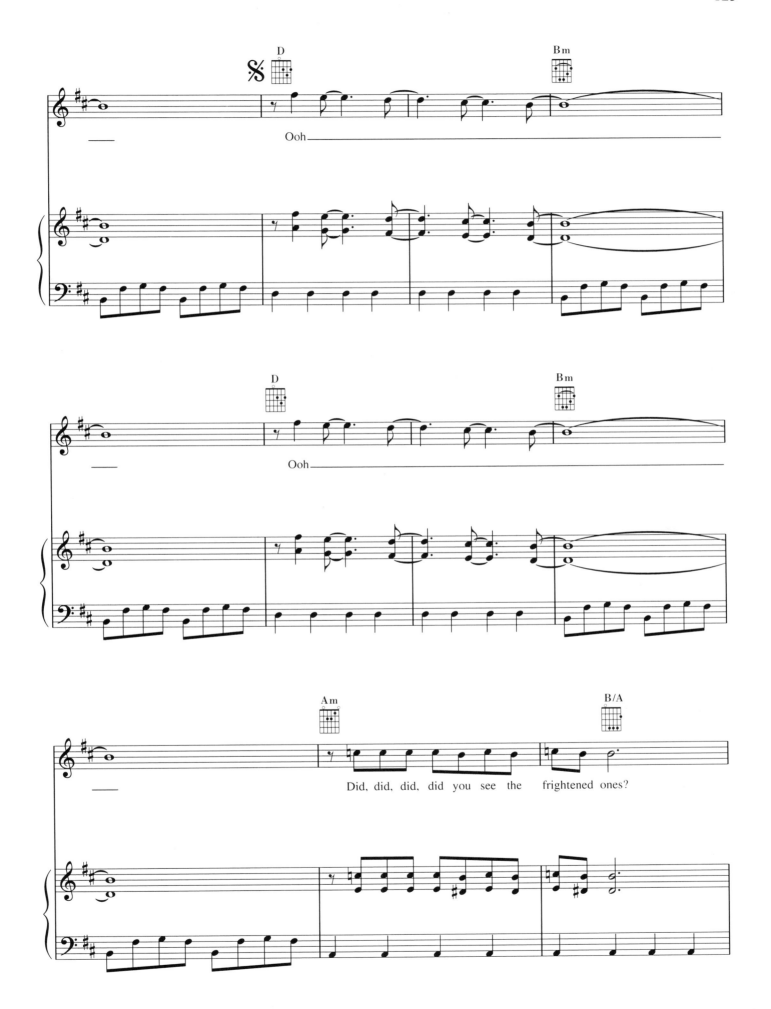

124

HEY YOU

Testo e Musica di Roger Waters

worms ate in-to his brain.

Hey, you! Out there on the road, Always

IS THERE ANYBODY OUT THERE?

Testo e Musica di Roger Waters

out there?

134

MOTHER

Testo e Musica di Roger Waters

Moth - er, do you think they'll drop___ the bomb?

Moth - er, do you think they'll like___ the song?

NOBODY HOME

Testo e Musica di Roger Waters

ONE OF MY TURNS

Testo e Musica di Roger Waters

STOP

Testo e Musica di Roger Waters

Slowly

Em

Stop! I wanna go home Take off this un-i-form and

leave the show___ And I'm wait-ing in this cell Be-cause I

have to know___ Have I___ been guil-ty all this

time?

no chord

rall.

NOT NOW JOHN

Testo e Musica di Roger Waters

154

PARANOID EYES

Testo e Musica di Roger Waters

You be -

behind brown and mild eyes.

THE GUNNERS DREAM

Testo e Musica di Roger Waters

You take her fra-il hand   and hold on——— to the dream

ON THE TURNING AWAY

Testo e Musica di David Gilmour, Anthony Moore

No more turn - ing____ a -

dream that__ there'll be no__ more turn - ing____ a -

- way

ad lib. guitar solo

INGRAF s.r.l. - Via Monte S. Genesio 7 - Milano
Stampato in Italia - Printed in Italy - Imprimé en Italie 2008

AIUTATECI A MIGLIORARE!

Grazie per aver acquistato uno spartito Carisch.
La preghiamo di compilare questa scheda in stampatello ed in ogni sua parte, ed inviarla a
NUOVA CARISCH s.r.l. Via Campania, 12 - 20098 S. Giuliano Milanese (MI)
(Zona industriale Sesto Ulteriano)
Tel. (02) 98221.212 - Fax (02) 98221.220
www.carisch.com

ML 1886

A) QUANTI SPARTITI ACQUISTA ALL'ANNO?

☐ DA 1 A 3 ☐ DA 3 A 5 ☐ OLTRE 5

- di quale genere musicale? _____

- Le piace l'impostazione dei nostri spartiti? Perché? _____
_____

B) CI SONO ALTRI BRANI CHE VORREBBE VEDER STAMPATI
NELLE PUBBLICAZIONI CARISCH E QUALI? _____
_____
_____

C) SUONA UNO STRUMENTO?   NO ☐   SÌ ☐

SE SÌ QUALE? _____

D) CONOSCE E USA LA TABLATURA PER CHITARRA?   NO ☐   SÌ ☐

E) CONOSCE E UTILIZZA I MIDI-FILES?   NO ☐   SÌ ☐

F) ALTRI SUGGERIMENTI? _____
_____
_____

Prima di compilare leggere attentamente le avvertenze a tergo

NOME _____ COGNOME _____

INDIRIZZO _____ tel. _____ / _____

CAP _____ CITTÀ _____

ETÀ _____ PROFESSIONE _____

CLAUSOLA INFORMATIVA AI SENSI DELL'ART. 10 LEGGE 675/96

Ai sensi dell'art. 10 della Legge 675 del 31 dicembre 1996 ("Tutela delle persone e di altri soggetti rispetto al trattamento dei dati personali"), La informiamo che l'indicazione dei Suoi dati personali sul presente questionario è facoltativa, e che i dati personali da Lei comunicatici potranno essere sottoposti a qualsiasi trattamento, intendendosi con ciò, ai sensi dell'art. 1 della predetta legge, qualunque operazione o complesso di operazioni concernenti, tra l'altro, la raccolta, la registrazione, l'elaborazione, la cancellazione, la distruzione di dati.

I Suoi dati personali verranno utilizzati per le seguenti finalità:
COMMERCIALI, PROMOZIONALI E MARKETING

Il Titolare del trattamento dei Suoi dati personali è la Nuova Carisch s.r.l., nella persona del legale rappresentante.

I Suoi dati personali potranno venire comunicati anche a società consociate della Nuova Carisch s.r.l. con le stesse finalità e modalità sopra indicate.

In relazione al trattamento come sopra descritto, La informiamo inoltre che Lei, in conformità al disposto dell'art. 13 della suddetta legge, ha diritto - salvo un contributo spese a Suo carico ove fosse confermata l'inesistenza dei Suoi dati presso di noi - di conoscere, mediante accesso gratuito al registro di cui all'art. 31, comma 1, lett. a), l'esistenza di trattamenti di dati che possono riguardarLa; di essere informato dal Garante sui dati che La riguardano; di ottenere la conferma dell'esistenza o meno di dati personali che La riguardano, la cancellazione, la trasformazione in forma anonima o il blocco dei dati trattati in violazione di legge, l'aggiornamento e la rettificazione dei dati; di opporsi, in tutto o in parte, per motivi legittimi, al trattamento dei dati personali che La riguardano ancorché pertinenti allo scopo della raccolta; di opporsi, senza alcuna spesa, in tutto o in parte, al trattamento di dati personali che La riguardano, previsto a fini di informazione commerciale o di invio di materiale pubblicitario o di vendita diretta ovvero per il compimento di ricerche di mercato o di comunicazione commerciale interattiva.

CONSENSO

In relazione alle informazioni di cui sopra, da Voi rese ai sensi dell'art. 10 della Legge 675 del 31 dicembre 1996, esprimo il consenso di cui all'art. 11 di detta legge al trattamento da parte Vostra - o da parte del Responsabile sopra indicato (qualora il responsabile sia un soggetto diverso dalla Nuova Carisch s.r.l.) - dei dati personali che mi riguardano, nei modi e per le finalità sopra indicate.

----
firma dell'interessato